Willkommen im Super Shop! ‹Potz Tuusig› ist eine Geschichte für die ganze Familie rund ums Thema Geld und um die damit verbundenen Werte. Dabei wird Ihr Wissen auf die Probe gestellt. Zur Vorbereitung lesen Sie am besten die Geschichte und den dazu gehörenden Anhang für Erwachsene durch. Im Anhang erfahren Sie mehr zu den Themen Budget und Schulden. Zudem finden Sie Tipps zu Taschengeld und Erziehungsfragen. Danach sind Sie fit für die Beantwortung der Kernfragen in der Geschichte.
Sie kennen Ihr Kind am besten. Darum bestimmen Sie, welche Themen Sie vertiefen und womit Sie ein andermal fortfahren möchten. Oder reden Sie über Geld, wenn Sie das nächste Mal gemeinsam einkaufen. Sie werden staunen, wie spannend es sein kann, auf eine solche Entdeckungstour zu gehen. Die einfachen Anregungen für den Umgang mit Geldthemen im Alltag machen ‹Potz Tuusig› nicht nur für die Kleinen zu einem spannenden Buch.

Wir wünschen Ihnen viel Freude beim Lesen, Stöbern, Fantasieren und Träumen.

Plusminus und Pro Juventute

Janna darf heute mit ihren Eltern in den ‹Super Shop› gehen. Dort kann man von morgens früh bis abends spät einkaufen.

↓ Und du darfst Janna dabei begleiten.

Bei den Spielsachen ist Janna am liebsten. Hier kann sie sich Wünsche ausdenken.

2 Was wünschst du dir am meisten?

Ganz hinten steht eine lustige Figur. Plötzlich wird sie immer grösser und beginnt zu sprechen: «Hallo Janna! Mein Name ist Potz Tuusig. Ich habe etwas Schönes für dich.»

Potz Tuusig zaubert eine Plastikkarte aus seinem Ärmel. «Mit dieser Karte kannst du alles kaufen, was dir gefällt.» Janna findet das wunderbar.

[3] Wieso kann man mit dieser Karte alles kaufen?

4 Traust du Potz Tuusig?

Janna wirbelt durch die Gänge und packt, so viel sie kann, in den Einkaufswagen. Macht das Spass!

5 Kannst du auf die Erfüllung eines Wunsches warten?

Potz Tuusig fällt die Brille herunter. Janna fischt sie aus dem Einkaufswagen und setzt sie sich auf die Nase. Plötzlich sieht alles anders aus.

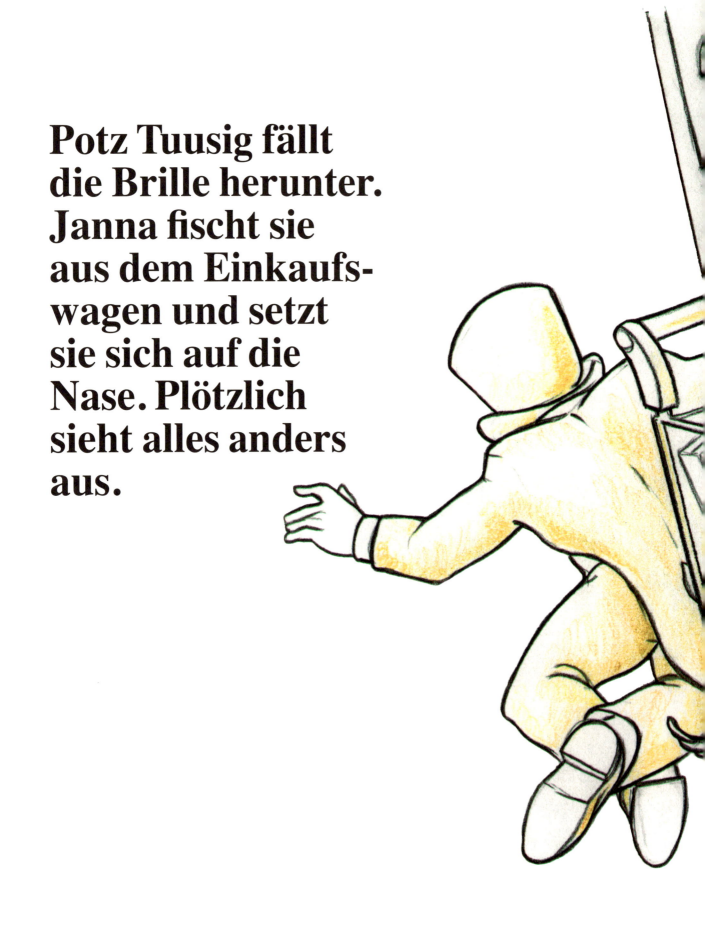

6   Setz nun deine Brille auf.

**Janna staunt.
Alle Spielsachen
haben ihre eigene
Geschichte.
Sie wurden her-
gestellt, verpackt
und kommen
zum Teil von
weit her.**

2 Woher kommen deine Sachen?

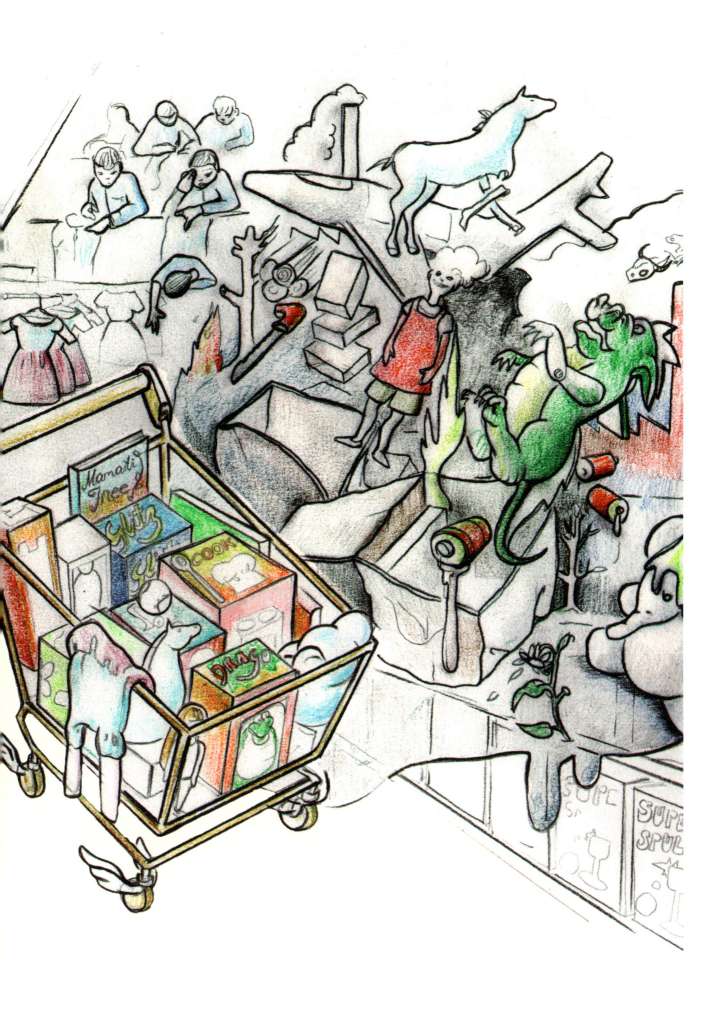

Janna geht durch den Laden. An der Kasse stehen die Leute Schlange und bezahlen ihre Einkäufe.

Janna wird es etwas mulmig: «Mit dieser Karte bezahlen? Eigentlich habe ich ja nur das Taschengeld von meinen Eltern.»

⁸ Womit bezahlst du deine Einkäufe?

Potz Tuusig weicht nicht von ihrer Seite: «Los! Wer einpackt, muss auch bezahlen.»

Janna überlegt einen Moment und hat eine Idee.

? Was würdest du jetzt tun, wenn du Janna wärst?

«Ich muss nicht alles haben! Ich muss auch nichts kaufen», sagt Janna bestimmt.

Potz Tuusig wird immer kleiner und erstarrt wieder zur Plastikfigur. In diesem Moment sieht Janna ihre Eltern.

[10] Was kauft deine Familie regelmässig ein?

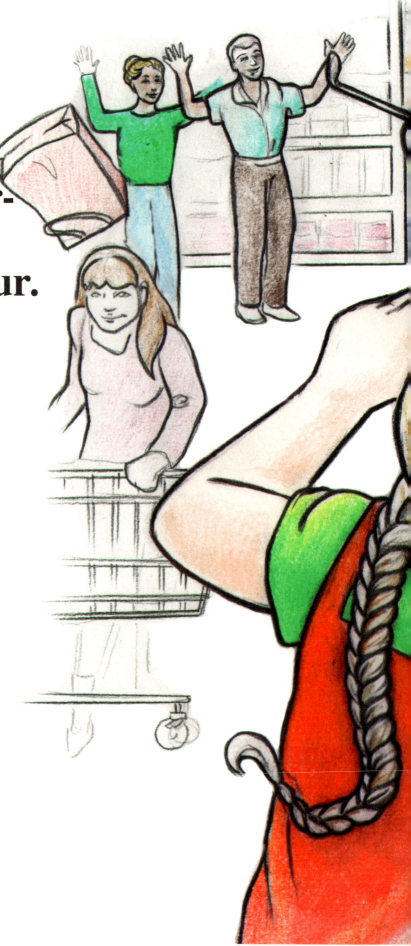

«Wo hast du denn die ganze Zeit gesteckt?» Janna drückt ihre Eltern fest an sich.

[11] Was ist dir besonders wichtig?

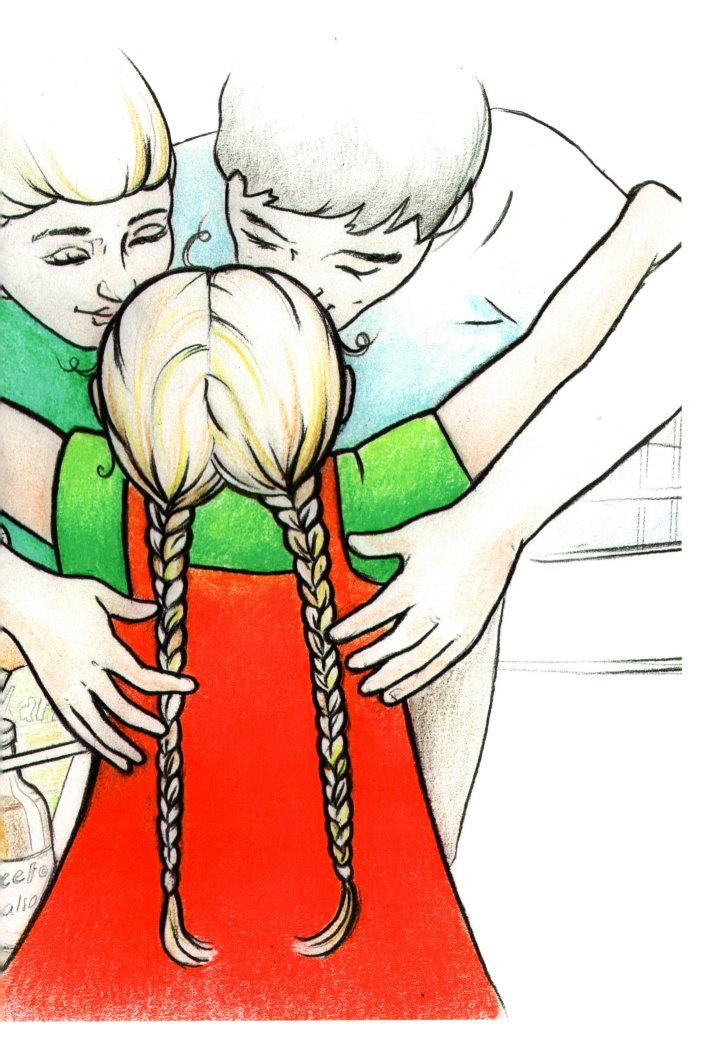

Janna überlegt, ob sie alles nur geträumt hat. Wenn da nicht die Brille wäre …

[12] Und die hast du jetzt auch.

Liebe Eltern, Grosseltern, Gotten, Göttis, Tanten, Onkel, Freunde und Bekannte Wie und wo lernen Kinder Verantwortung für Geld und die eigenen finanziellen Belange zu übernehmen? Kinder verstehen oftmals nicht woher das Geld kommt, und dass es nicht unbegrenzt zur Verfügung steht. Sie werden in der Werbung umworben, bevor sie überhaupt lesen können und wachsen in einer ‹kaufe heute, bezahle morgen› Gesellschaft auf. Gerade darum wird es immer wichtiger, früh zu lernen, wie Geld eingeteilt, Kosten vorausgesehen und Reserven angelegt werden. Die Anleitung zum bewussten Umgang mit dem eigenen Budget ist keine einfache Erziehungsaufgabe. Bei dieser Aufgabe möchten wir Sie mit unserem interaktiven Fragebuch unterstützen.

‹Potz Tuusig› wurde von Plusminus Basel in Zusammenarbeit mit Pro Juventute realisiert.

¹Und du darfst Janna dabei begleiten. Vom Leben lernen:
Kinder üben beim Spielen das soziale Verhalten und die Regeln, die in unserer Gesellschaft gelten. Sie beobachten Papa beim Telefonieren, die Gotte beim Schuhkauf oder die Bedienung im Restaurant und lernen dabei, wie sich Erwachsene organisieren. Das Einkaufen mit den Eltern ist die erste Erfahrung rund ums Geld und prägend für Ihr Kind. Mit Ihrer Einkaufsplanung und Ihrem Einkaufsverhalten beeinflussen Sie Ihr Kind. Wenn Sie bewusst und entspannt planen und einkaufen und auch einmal laut darüber nachdenken, erwirbt Ihr Kind dieses Bewusstsein ebenfalls.

²Was wünschst du dir am meisten? Werte und Normen:
Prioritäten setzen, den richtigen Moment für einen Kaufentscheid wählen, Nein sagen, Grenzen setzen und einhalten, das sind für viele die Herausforderungen beim gemeinsamen Einkauf mit Kindern. Verständliche und klare Regeln in Bezug auf spontane Wünsche im Laden geben Ihrem Kind Sicherheit. Wie gehen Sie damit um, dass Sie fast alles kaufen können, was Sie sich wünschen? Wie gehen Sie damit um, wenn das Geld einmal knapp ist? Die offene und bewusste Auseinandersetzung mit diesen Fragen schafft Klarheit. Vergleichen Sie Ihre Familie dabei auch mit anderen. Und reden Sie mit Ihrem Kind übers Wünschen, Warten können und Verzichten, über Armut und Reichtum.

³Wieso kann man mit dieser Karte alles kaufen? Zahlen mit Karte:
Kinder verstehen oft nicht, woher das Geld kommt. Erklären Sie Ihrem Kind, dass Sie Arbeitszeit gegen Geld tauschen und dass Ihr Geld, das Sie verdienen, auf einer Bank liegt. Erklären Sie ihm auch, wie Bancomat und Kreditkarten funktionieren. Kreditkarten von Banken oder Kundenkarten von Warenhäusern erlauben, sofort Einkäufe zu machen, ohne Bargeld zu besitzen. Kreditkarten werden oft auch für Bestellungen im Internet benötigt. Der Einkauf ist auf Kredit abzuzahlen. Ende Monat wird hierfür Rechnung gestellt oder der Betrag wird dem eigenen Bank- oder Postkonto belastet. Die Zahlungsmöglichkeiten mit Plastikgeld sind einfach. Dabei ist es manchmal schwierig, den Überblick über die Ausgaben zu behalten. Um nicht in die Schuldenfalle zu tappen, empfiehlt es sich, nicht mehrere Karten nebeneinander zu

verwenden, sondern mit Bargeld oder einer Debitkarte einzukaufen. Debitkarten sind z. B. Post-, Maestro- oder EC-Karten, die nur mit Kontoguthaben funktionieren und keinen oder nur einen eng begrenzten Kredit erlauben. Wichtig ist auch, die Kontobewegungen und den Saldo auf dem monatlichen Kontoauszug genau zu studieren: Geht es mit dem Saldo aufwärts oder abwärts?

Traust du Potz Tuusig? Angebot und Nachfrage:

Sonderangebote und Aktionen wecken in uns die Lust, spontan zuzugreifen. Mit dem Kauf – so suggerieren Slogans – werden Beliebtheit, Freude und Lebensqualität erhöht. Kinder sind leicht zu begeistern. Deshalb müssen sie lernen, mit Werbung umzugehen. Mit kritischem Hinterfragen unterstützen Sie Ihr Kind dabei, eine eigenständige Meinung zu entwickeln. Schauen Sie zusammen Werbebotschaften an und teilen Sie sich Ihrem Kind mit. Was denken Sie selbst über Werbebotschaften? Was ist für Sie der Wert eines Produktes oder einer Dienstleistung? Was ist der Unterschied zwischen Produkt und Werbebotschaft? Wie gehen Sie selbst mit Wünschen und Träumen um, die Sie im Moment nicht erfüllen können?

Kannst du auf die Erfüllung eines Wunsches warten? Über Geld reden:

Kinder sollen lernen, dass nicht jeder Wunsch sofort erfüllt werden kann. Nehmen Sie sich genügend Zeit und begründen Sie genau, warum Sie den leuchtend roten Helikopter oder das Piratinnen-Outfit nicht spontan anschaffen wollen. Reden Sie offen mit Ihrem Kind darüber, wenn das Geld nicht reicht und warum Sie andere Dinge als das verlockende Spielzeug nötiger brauchen. Grössere Wünsche brauchen Planungszeit. Viele schöne Dinge können in Ludotheken, Bibliotheken und privat ausgeliehen werden.

Setz nun deine Brille auf. Schuldenfallen:

Das Armutsrisiko ist für Familien mit Kindern doppelt so hoch wie für die Gesamtbevölkerung. Viele junge Familien sind verschuldet. Wenn Sie Mühe haben, Ihren laufenden Verpflichtungen nachzukommen, melden Sie sich bei einer Budgetberatungsstelle in Ihrer Nähe. Denn Schulden betreffen das ganze soziale Leben, die Stimmung in der Familie und das Wohl Ihrer Kinder. Um nicht in die Schuldenfalle zu tappen, sind folgende Verhaltensregeln hilfreich: Geben Sie kein Geld aus, das Sie nicht auf Ihrem Konto haben. Planen Sie grössere Ausgaben im Voraus. Legen Sie monatlich etwas dafür auf die Seite. Denken Sie daran, dass für Kreditkarten, Leasingverträge und Konsumkredite happige Zinsen und Kosten berechnet werden. Zahlen Sie die Steuern des laufenden Steuerjahres monatlich akonto, damit Sie vom steuerfreien Vergütungszins profitieren. Verschieben Sie keine Rechnungen auf den nächsten Monat. Verzichten Sie auf Vorschuss und private Darlehen.

7
Woher kommen deine Sachen? **Bewusst einkaufen:**

Machen Sie mit Ihrem Kind einen Streifzug durch den Supermarkt und entdecken Sie, woher die Produkte stammen, die Sie konsumieren. Das Wissen über Herkunft oder Herstellung von Alltagsprodukten ist ein wichtiger Schritt zur Wertschätzung unserer Güter. Wer die Herkunft und Herstellung der eingekauften Produkte kennt, weiss die Leistung, die dahinter steht, auch viel eher zu schätzen. Der sorgsame Umgang mit Geld lässt sich auch ökologisch betrachten: Soll der Ferienort immer nur mit dem Flugzeug erreichbar sein? Ist es nötig, im Winter Erdbeeren zu essen? Und braucht man immer wieder das neueste Handy?

8
Womit bezahlst du deine Einkäufe? **Eigenes Geld:**

Einteilen, sparen, sich etwas leisten soll früh erlernt werden. Ein guter Start hierfür ist das erste Taschengeld bei Schuleintritt. Taschengeld wird anfänglich wöchentlich ausbezahlt und kann ab der fünften Klasse monatlich abgegeben werden. Treffen Sie klare Abmachungen und interessieren Sie sich für die Ausgabepläne Ihrer Kinder. Legen Sie zusammen fest, wofür das Geld bestimmt ist. Bezahlen Sie das Taschengeld regelmässig und unaufgefordert. Vertrauen Sie Ihrem Kind und verlangen Sie keine Rechenschaft über jede Ausgabe, denn auch Fehler zu machen gehört zum Lernen. Zeigen Sie Ihrem Kind, wie es Einnahmen, Ausgaben und Saldo auflisten kann.

Das Taschengeld ist für folgende Ausgaben vorgesehen:

Znüni-Getränk	☐ Ja ☐ Nein
Heftli vom Kiosk	☐ Ja ☐ Nein
Süssigkeiten aus dem Laden beim gemeinsamen Einkauf	☐ Ja ☐ Nein
Handy Prepaidkosten	☐ Ja ☐ Nein
Tattoo Kleber	☐ Ja ☐ Nein
...	

Richtlinien Taschengeld pro Woche:

1. Schuljahr	CHF **1.–**
2. Schuljahr	CHF **2.–**
3. Schuljahr	CHF **3.–**
4. Schuljahr	CHF **4.–**

9
Was würdest du jetzt tun, wenn du Janna wärst? **Sich behaupten:**

Konflikte beim Einkaufen entstehen oft, wenn unterschiedliche Bedürfnisse nicht erkannt werden. Es ist dabei wichtig, hinzuhören und aufmerksam zu sein, Kompromisse zu suchen und im entscheidenden Moment auch einmal nachzugeben. Ihr Kind übt beim Sich-Auflehnen wichtige soziale Fähigkeiten. Dabei darf es auch einmal etwas heftig zu und her gehen. Stellen Sie sich der Diskussion und fragen Sie nach: Was ist Ihrem Kind besonders viel wert? Lassen Sie Ihr Kind eine Hitliste erstellen von allem, was es wünscht, was ihm besonders lieb und teuer ist oder was es besonders gern macht. Vielleicht zeigt sich, dass der abgewetzte Teddy viel wichtiger ist als das brandneue Stofftier.

Meine liebsten Sachen:
1. Mein schokobrauner Teddy
2. Das neue Stofftier
3. Einmal in der Woche Ponyreiten
4. Tramfahren zu allen Endstationen
5. Selbstgemachten Kuchen vom Grosi essen

Was kauft deine Familie regelmässig ein? Sinnvoll einteilen:

Ein Budget ist etwas Individuelles und abhängig von der aktuellen Lebenssituation. Für einige ist das Auto nicht wegzudenken, für andere ist es der Familienurlaub. Finanzen sind so einzuteilen, dass Einkommen und Ausgaben im Gleichgewicht sind. Das Budget gibt Ihnen die Kontrolle über regelmässige Ausgaben, Reserven für Unvorhergesehenes und plant die Steuern ein.

Bei Veränderungen wie Heirat, Familienzuwachs, Erwerbslosigkeit oder Trennung überprüfen Sie die Ausgaben erneut und setzen wenn nötig neue Prioritäten. Und nicht zuletzt sehen Sie beim einen oder anderen Punkt Einsparmöglichkeiten.

Auch Ihr Kind soll lernen, Prioritäten zu setzen. Für seine grossen Wünsche können Sie zusammen mit Ihrem Kind einen Finanzierungsplan machen. Stellen Sie sich zum Beispiel für die Anschaffung eines Haustiers oder eines neuen Gameboys gemeinsam die folgenden Fragen:

Was kostet die Anschaffung? Wie hoch sind die monatlichen Folgekosten? Welches sind unregelmässige Ausgaben? Wann werden wir das Gewünschte kaufen (zum Geburtstag)? Wer bezahlt ($1/2$ Eltern, $1/4$ Onkel, $1/4$ aus Sparkässeli)? Erstellen Sie mit Ihrem Kind einen Plan, wie Sie das Ziel erreichen wollen.

Was ist dir besonders wichtig? Glück ohne Geld:

Kinder brauchen Geborgenheit und eine liebevolle Umgebung, um ein gesundes Selbstvertrauen zu entwickeln. Liebe schenken heisst Aufmerksamkeit schenken. Anerkennen Sie die Wünsche Ihres Kindes und begründen Sie die Grenzen, die Sie setzen. Wozu setzen Sie die eine oder andere Grenze?

Weshalb können Sie eine Anschaffung nicht gutheissen? Finden Sie eine bessere Alternative? Lassen Sie Platz für Freiräume. Zögern Sie nicht, Hilfe zu suchen, wenn Sie sich überfordert fühlen. Eine zweite Meinung kann Sie im Umgang mit Fragen rund um die Erziehung bestärken.

Und die hast du jetzt auch.[12] **Mut zur Selbstständigkeit:** Ihr Kind wird in den kommenden Jahren vermehrt Verantwortung für sein Handeln übernehmen und seinen Finanzspielraum erweitern. Zeigen Sie ihm, wie stolz Sie auf diese Entwicklung sind und dass Sie Vertrauen in Ihr Kind haben. Markenwünsche, Handys und das ultimative Kickboard werden an Bedeutung gewinnen und Fragen aufwerfen. Ihre Begleitung, Unterstützung und Ehrlichkeit auf diesem Weg sind wichtige Bausteine, damit Ihr Kind angstfrei den bewussten und klugen Umgang mit Geld lernt.

Wissenswertes für Gross und Klein:

<u>Erwachsene</u> Elternbildung CH unterstützt Eltern in Erziehungsfragen:

info@elternbildung.ch, www.elternbildung.ch

Die Stiftung für Konsumentenschutz stellt übersichtliche und klare Informationen zur Verfügung:

info@konsumentenschutz.ch, www.konsumentenschutz.ch

Die kantonalen Stellen der Caritas unterstützen und helfen Menschen in finanziellen Notlagen:

www.caritas.ch, www.caritas-schuldenberatung.ch

Pro Juventute bietet verschiedene Dienstleistungen zu den Themen Medien und Konsum, Bildung und Beruf sowie Gesundheit und Freizeit an:

info@projuventute.ch, www.projuventute.ch

<u>Schule, Kinder und Jugendliche</u> Auf der Website von Plusminus finden Jugendliche, Eltern sowie Lehrpersonen, unter der Rubrik ‹Prävention› Lernspiele, Anregungen, aktuelle Spartipps von Dr. Budget, Statistiken und Downloads rund ums Geld:

www.plusminus.ch, Facebook: Dr. Budget

Für Kinder ab neun Jahren gibt es ‹Pro Juventute Kinder-Cash›. Dazu und zu den Themen Medien und Konsum bietet Pro Juventute weitere Informationen und Angebote unter:

www.projuventute.ch, www.kinder-cash.ch, www.potz-tuusig.ch

Kinder und Jugendliche erhalten kostenlose professionelle Beratung rund um die Uhr bei Pro Juventute:

www.147.ch, sms 147, Telefon 147

Bei PostDoc, dem Schulservice der Post, stehen verschiedene Lehrmittel vom Kindergarten bis zur Sekundarstufe II bereit, auch mit vielen Downloads:

www.post.ch/postdoc

<u>Budget- und Schuldenberatung</u> Hier finden Sie Adressen der Schuldenberatungsstellen und weiterführende Informationen:

www.schulden.ch

Das Angebot der Budgetberatung Schweiz umfasst unter anderem die Richtlinien für Taschengeld, Musterbudgets und die Adressen der kantonalen Budgetberatungsstellen:

www.budgetberatung.ch

Plusminus Budget- und Schuldenberatung Basel bietet Hilfestellungen zu Budget- und Schuldenfragen an. Umfangreiche Links und Spartipps, das Detailbudget zum Downloaden, Musterbriefe und weiterführende Informationen erhalten Sie unter:

info@plusminus.ch, www.plusminus.ch

Plusminus, Budget- und Schuldenberatung Basel, ist eine Fachstelle der Christoph Merian Stiftung und der Caritas beider Basel. Das Kompetenzzentrum im Kanton Basel-Stadt bearbeitet die im Buch genannten Themen und gibt Hilfestellung zu Budget, Schulden und dem Umgang mit knappen Finanzen.

Pro Juventute ist in der Schweiz die erste Anlaufstelle, wenn es um Kinder- und Jugendfragen geht. Unter dem Titel ‹Empowerment› bietet Pro Juventute Dienstleistungen in zentralen Jugendthemen an mit dem Ziel, Kinder und Jugendliche zu stärken und zu befähigen, ihre Ressourcen gezielt einzusetzen. Pro Juventute ist unter anderem bekannt für die in der Schweiz einzigartige Kindernotrufnummer 147, den Ferienpass und die Elternbriefe.

Tuusig Dank!
<u>Stiftungen</u> Max Geldner Stiftung, Singenberg Stiftung und Stiftung Pro Juventute
Für die finanzielle Unterstützung der Publikation ‹Potz Tuusig›

<u>Institutionen und Einzelpersonen</u> Trägerschaft der Fachstelle Plusminus: Christoph Merian Stiftung und Caritas beider Basel, Stiftung Pro Juventute, Budgetberatung Schweiz, Schuldenberatung Schweiz, Brigitte Baumgartner, Christoph Bossart, Walter Brack, Michael Claussen, Claudia Fanara, Flavia Frei, Andrea Fuchs, Monika Göldi, Sabine Guenin, David Häne, Rebekka Heeb, Isabelle Hermann, Regula Loretan, Bruno Lötscher-Steiger, Lola Schätti, Barbara Schnyder, Reno Sami, Michel Steiner, Elisa Streuli, Christian Urech, Marcel Vogel, Regula Widmer, Eva Woodtli Wiggenhauser, Aykan Yelman
Für die fachliche Mitwirkung

Herausgeber und Vertrieb: Pro Juventute
© 2009 Plusminus, Budget- und Schuldenberatung Basel
Fachstelle der Christoph Merian Stiftung und der Caritas beider Basel
Alle Rechte vorbehalten

Konzept, Text und Realisierung: Eva Schätti, Plusminus Basel
Redaktion: Flavia Frei, Pro Juventute, Eva Woodtli Wiggenhauser, Benken
Lektorat: Christian Urech, Pro Juventute
Idee und Geschichte: Reno Sami, Basel
Illustrationen: Rebekka Heeb, Basel
Umschlag- und Buchgestaltung: Michel Steiner, Luzern
3. Auflage 2012
ISBN 978-3-033-02141-9